Não é o silêncio quem passa
Bruno Prado Lopes

Não é o silêncio quem passa
Bruno Prado Lopes

1ª edição, 2017 | São Paulo

LARANJA ● ORIGINAL

para minhas meninas, priscila e fiona

Ao que se impõe contra todo começo... uma busca, uma tentativa, uma espécie de deslocamento. O olhar por cima das linhas, o tocar de leve sobre sua suposta superfície, entre o nada e a paisagem.

As primeiras palavras, como o rosto da escrita, ou seu simples abandono. Era o costume assoprar o pó contra o silêncio das palavras. E não que houvesse regras: abrir a ferida inscrita como quem abre um sorriso ou como quem, ao acaso, abre os olhos em um sítio desconhecido.

Mas temia-se, insistentemente, por algo que não estivesse lá, o pavor em não se encontrar no dizer a questão mesma dessa voz. Um vestígio sobre o rastro das linhas que o pudesse levar ao local, ainda que indefinido, mas verdadeiramente possível.

Seria preciso percorrer a sequência de imagens, com a ponta dos dedos, com o olhar atento; o tocar dos lábios — ou, ainda, em pequenos gestos de silêncio. E contra todo caos interior, seguir adiante em direção ao vazio, a recolher fragmentos, insuficiências, disritmias. E nessa espécie de contato, como se desnudasse a pele, desvelar o corpo da escrita, e atravessar a profundidade das palavras.

A poesia, então, tocaria o sentido dos céus, do tempo, da carne... E ainda que não houvesse limites, poderia decifrar na profundez, o silêncio por detrás de cada verso, de cada ferida, de cada passagem...

E volta a cair na mesma impossibilidade, no mesmo
recomeço, na mesma fúria contra o vazio das
palavras. E retoma o rastro... O branco da página,
o caminho da escrita inebriada — os cento-e-tantos
braços da vereda, a ausência de um caminho definido.
Apenas a linguagem.

O que se experimenta nessa faúlha de falhas
nada mais é do que uma pronúncia vazia —
de um transeunte disperso, absorto, a relatar senão
um instante de imagens.

E se, contra todo começo, impõe-se um início:
que se preceda uma aproximação, que não anuncie
nada, senão que se determine a perda e o vazio de
qualquer jornada.

"onde nada se pode demonstrar,
muito pode ser mostrado"[1]

"entre a carne demasiado viva do acontecimento literal e a pele fria do conceito corre o sentido"[2]

"o testar não tem um fim?"[3]

Aqui, onde não pertenço,
onde não há identidade ou esquecimento —

onde as palavras,
sem a violência do vento,
tocam-se no vazio do pensamento

digo que anoitece —
e acende-se a senda no silêncio

insisto no percurso,
renomeio as margens,
os desvios;
os lapsos do tempo —

absorto, busco a origem:
o ponto-de-partida,
o destino que desconheço

Corre

por detrás do mundo —

alheio e inominável,

através das tardes,

como se corresse para sempre

e, no entanto, declina —

sem vestígios,

sem dizer adeus

Não encontrarás
nestas linhas do impreciso
a razão pra tudo isso —

esta aporia,
escrever sem ter por entre as mãos,
sem alargar os céus dos lábios,
ou pressionar as pálpebras na escuridão...

«calas, por quê? calar não faz sentido» —

nada há de ser dito:

¡nada clama, nada acalma!

o que se murmura à noite escura,
nos trespassa a alma —

e esta impiedosa noção de tempo?
ou esta perda de espaço?

à margem do dizer: desfaço

Avança o deserto...

descrever é parte de uma mesma lógica,
de um mesmo desespero frente ao não-lugar,
ante o imprevisível dessa ária:

«em nenhum lugar existe tempo algum»,
deixou por escrito —

em parte alguma se refaz a travessia,
em canto algum se nomeia a mesma forma;

o singular se perde no tempo,
no instante dessa fala —

ainda assim,

há de se avançar contra o deserto
e cavar no coração o lugar da escuta:

a parte única que nos resta de nós

Tantas
as variáveis

se eu digo, SE,
o arbítrio deste céu

(ostentar-se ao sol)

às cegas, o rumor
deste nome que não digo

dito a distância
encurvo o horizonte

escrevo,
sem rito

A mesma tentativa,
o mesmo intento nos carrega
à sombra da travessia —

a pulsão, o impulso
que nos pousa aos ombros

e que nos agarra às paredes
contra a insônia da matilha —

a mesma letra
a abrir o não de meus anseios,

a mesma quietude
escrita como quem se desfaz
de um objeto

como quem se permite dizer
lúcidas leviandades —

aquele que descreve a si próprio
com a boca cheia de amarras:

um impropério de nós —

El centro viejo de tu pensamiento

as lascas das esquinas
em escombro,

as pedras,
párias da fala fumeante

a travessia gris em desacordo com a luz
o éter a trespassar a síncope destes outros olhos

as ruas,
rios que desembocam na prata

na praia doce desse rio
símile de prata que nos atravessa o peito com a pedra

a narcose desse silêncio

a luz que soma ao corpo a sua repentina imagem

Se por vez ou outra me fizer ouvir
saiba que serão teus os versos
como tanto desse rio que nos toca de viés:

passadiço, contínuo; irrefreável...

a infundir na voz
aquilo que há de nó em nós,

o que se enlaça nas palavras
desse rio-corrente —

a finitude que nos finda,
enganosamente,
para além...

O lugar inolvidável
onde a língua silencia —

esse é o local do encontro:

o perdão
no espaço da ferida,

a reconciliação de nós
a calcinar sobre a escrita —

jamais se busca o esquecido;

a dor sepulta é deífica
e há de ser perene o rastro —

a pedra em sepulto
antes de cada passo

Atravessamos ao outro
despidos desta imagem,
de um mesmo olhar, invertido —

uma ausência de palavras
confronta esta presença

sem sequer um deslize
nesta dúbia simetria —

sem abnegar ou jurar:
percorre-nos o tempo

«finda o mês, amanhece —
e já não há lamento»

Dobrar a noite limítrofe
na constelação sestra da mão —

deixe calar a fala:

«non ti muovere,
lascia parlare il vento»

o fustigar de um silêncio
lívido; fugidio —

deixe rebentar entre os dedos
a rosa rubra

e escorrer o sumo bruto
pelos sulcos da mão

Não é o silêncio quem passa,
irremediável

à força dos homens —

não ultrapassa o corpo, a carne,
a nuca — as pálpebras cerradas...

súbito, não perpassa o cio,
o estio, a torrente...

depressa, cruza-se o tempo,
sem que o fogo se desfaça

O poema desvalida
sem o dom da língua

«dura inquietação
d'alma e da vida»

nada de mortes,
de nada que se valha —

deixe-a falar co's olhos:

ela que atiça

inquieta,
na travessia

Recolho com cuidado,
sem busca por entendimento

um exercício de escuta,
de uma escuta silenciosa —

e assim percorro
passo a passo — dia após dia;

no silêncio,
pois há de ser impronunciável...

quiçá pudesse traduzi-la,
ritmar em verso; rasgar no asfalto —

uma palavra possível,
que se pudesse ensinar — entendê-la...

apenas a potência da palavra

que nos percorre sistematicamente
com a fúria de sua canção

O cobre que me encobre
essa linguagem

a servidão do verso

uma imagem —
ilegível

aquém de ti,
a perder-se no sentido

cativo, a tocar-te
à face úmida

entre o receio
e o suspiro:

no oposto
de ti

Entre o transpassar da vida
e o vareio da viagem

há de pressentir algum rumor
na infusão da luz à superfície vaga —

e seguir a trilha alva,
e furtar nomes às horas
e nomear os dias —

atravessar a senda incerta

sendo breve, brusca
ou retilínea

a sina como pronúncia fugidia:
um parolar estranho;
desconhecido —

que seja longínquo o caminho
em seu decurso;

do toque leve dos dedos
ao alheamento da visão,

pois há de surgir diverso
à passagem da travessia:

um lugar-nenhum no ocaso
onde se deita um coração

Escrever em versos?
inverso à prosa — ao toque sem ética dos jornais

ademais, a múltipla textura do diverso
oposto ao entulho; a talha rara, nada mais...

um texto em versos,
avesso à retórica

uma mensagem ambígua,
desmedida, que cabe só em versos

única, simples: singular;
assim, como um mero escambo
de um sorriso por um olhar

Aberta,
uma ferida —
um rastro ambíguo
reescrito a cada passo;

animal em cerco
à espreita:

o dilema de seus passos —

a ferida aperta,
aferir nestas palavras
aquilo que se intenta

afastar-se — o que não sou,
ou que insisto obstinado que seja;

um animal em cerco,
o silêncio ardil da ferida,
tão-só um *corpus* que se desentenda

Sopra a face norte do querer —
um mar de mãos sobre o silêncio

um mar de água doce:
um rio em sua tênue curvatura

o enlevo de cursar a palma sobre a água;
a palma a percorrer o silêncio diminuto —

o ato de dividir o inexprimível,
inscrever a dois a dúbia realidade —

a ausência frente ao absoluto,
uma vida que entardece:

seu espaço raso, no tempo;
rarefeito no poente

a palavra como a ilha,

cerceada de água,

o instante,

como um raro devenir

A dizer como quem ausculta o céu,
o sem-sentido do céu por detrás das mãos...

um poema como a mão abaixo do céu:
inocente, trêmulo; diuturno —

escrito como quem se queima ao sol
— frente ao profundo

a escrita como quem rastreia a trilha,
o entremeio, por detrás das mãos —

o silêncio entre o soprar do vento:
o poema que brota pelo não

a escrita, rastro acima,
entre o rumor e a súbita euforia —

o horizonte das horas,
a fala fugidia

Dormes ao lado —

incontidas, desconexas palavras

decifro-te,
um entranhado de signos

uno: a dois —
o entrespaço de nós

o solaz que me ilumina
a partir de sua boca

para fora do dizer

A língua
com intuito de falo;

afinco à mingua do dizer —

alvor,
lascívia que desagua,
que trespassa em laminosa fala

e desplanta
cerne adentro

e infringe,
e fere,
e deflora —

e induz *dulce* lirismo
a um sentido sublunar:

a floremergir

no sobrecéu
do indizível

Em toda travessia

há um ponto de fuga — único;
à ponta dos lábios: na linguagem

a silenciar em suspiro último

algo próximo
à palavra

adeus

Há uma raiz amarga
a urdir o inconsciente dos homens,

uma raiz crescente
sob a terra dissoluta —

um continente furtado
que se aniquila em turvo espelho;

uma prenoção dúbia
do outro como de si mesmo —

há um messianismo incrustado nessa rocha,
cinzelado em face sempiterna —

um mal absoluto que reprime,
um cerco gris de gládio e borracha;

um grito simbólico em *continuum*
que se arremeda no sem-fim de mil silêncios

O corpo obsessivo;
objeto fixo, fulminante —

a carne inata que habita a pele,
seu uso: disforme, assimétrico, indissociável

a textura quente a preencher seu cerne vazio;

o movimento das mãos e o reencontro à tinta,

o uso que compreendo
ou absolutamente ignoro compreender —

e reescrevo o texto,
e introduzo a vírgula

com a nulidade canhestra
de quem dobra palavras ao entardecer

A lua ensombra
sua indivisa imagem —

olvida-se de ti
como quem emudece ao tempo
e cega-se à verdade —

«vê, como o ausente, anda presente
no pleno da linguagem?»

absorto em seu anseio

o destino-de-partida clama,
chama no permeio

à perspicaz mudança
de seus passos

O que há para se calar
dos escombros que nos encobrem os olhos

desvios tênues
de uma mesma nudez,
vertiginosa —

a desolação a cada linha,
a cada passo...

o mesmo testemunho que acomete o dia
perfila o pensamento —

a escrita nasce impura,
a imputar sua luz no entendimento

Assassínio,
a espoliação da terra;
o exílio —

o limítrofe
banimento —

a fronteira da fala
— interdita —,
na linha do poema

a margem
nativa, o território
furtado, a identidade
perdida —

o lugar da voz:
esse não-estar aqui

a imagem que se gasta
na mesmice da desgraça

A crença
tece em astúcia o átrio,
abismo entre seus passos —

meio-fio de linhas gris,
a concretude o dito pelo fato:
asfáltico desvio —

a palavra: acredite
ergue nações; em fé e fúria, arranha-céus
mas amiúde esgarça
a graça rara da fala —

abstrai: escolha inexiste
não insista,
o feito é inerente
não há arbítrio, só corrente

aja: engaje
a brevidade existe
viver é,

senão viragem

É de uma espécie rara,
dita primitiva —

abrolhou
à intempérie,
entre o estio e a torrente:

cresceu torta,
através do gris,
contra o sôfrego varrer
dos céus —

infestou de pragas,
morbo; camarço...

é necessária a poda;
o trato, talhar o caule —

e sem que haja grilhão
nos galhos, seja livre
o crescimento;

dá muitos frutos
disseram outrora

insuficientes caem-nos
sobre o solo,

o sombral era para refrescar,
hoje abrasa no calor —

indassim:
¡jamais a arranque pela raiz!

tal espécie não renasce
em qualquer canto...

Pelo lado esquerdo habito a cidade,
quase por engano,
em desapego —

um mapa,
um risco,
as folhas de um jornal

atravesso o avesso da multidão

palavras de ordem,
ímpetos vorazes; impasses —

e, na súbita distração,
uma florimagem —

cruza-se aos olhos o sentido;

inquieta,
a avançar contra a fúria —

por um instante cessa: e sorri!

uma forma de embate

a gritar — como se em silêncio
recolhesse flores, pela escuridão

E agora,
o que se impõe ao tempo?

nenhuma atenção
precedeu ao suscetível cravar dos dedos,
nenhum movimento mítico,
nenhuma pílula,
nenhures —

(schuld)

a culpa,
dívida-duvidosa,

brusca; usurária —

crível é caminhar
sobre as brutas lascas do carvão inda em brasa;

e sem nenhuma fé que se imponha
permanece o pensamento, lento, a confundir-se
sorrateiro, com o silêncio

Um gesto

(agora)

a flor-do-silêncio

simples,
mais audível que o coração

a lançar seus olhos
sobre a tarde

sobre o que se tarda
no deflorar

na flor-do-desdizer

Mansidão,

o silêncio alvo a desmembrar
a cruz dos descaminhos —

vis vidrilhos
ao preluzir do sobrecéu

um corte acobreado
no desalinho das nuvens
sob o sol —

arvora assim a vida
em dissonante aviltamento;

um dessaber imenso
que calcina cerne adentro
à desmesura própria —

um dissabor etéreo,
súbito; passadiço

a ruir a si e seu inverso:

contra a verde imensidão

Um só instante e a ave estática não arremete:
                          [sucumbe em si —
entre a humanidade do que olhamos e o êxtase
                          [do que não diz

Nasce um rio —
corre à lentidão da luz

de álveo gris,
um córrego vazio

entre pixo e musgo;
lixos, pedregulhos

no rasto de si —

a coruja natimorta:

encarnación
del natingui

Há uma indissociável lucidez,
um vento gélido a cortar a tarde

um fino véu-librina
a trespassar a caminhada —

há uma incorporação de falas permanentes,
um murmúrio lírico a deitar à sombra do ocaso;
contração, a contramão da escrita sobre o silêncio —

transcrição pura: a fúria do cotidiano
contra a inaptidão da carne

o tempo, sua face tríplice
frente à própria face —

o dia entorpece em excessiva beleza,
a umidade perpassa o chão concreto
infusa nas linhas do poema

refulge lentamente a refletir o gris —

a língua inominável
enrubesce nas falanges;

a face do tempo a dobrar a rua,
a curvar o rio do pensamento

Estranho labirinto:
vestígio sangue ou tinta —
a romper a noite ou a linguagem

A força bruta assola,

o embate

a voz versus o gás:
à face —

o disfarce, rastro na escrita

descrevo o ato:

a fúria repleta
a decair sobre a cidade;

botas e borrachas
ordinárias sobre a face,

ladra ruidoso: vil

a escrita nega o fato,
a fatalidade crível,

o limite da fala
ou o limite do dizível —

a linha limítrofe
a cruzar o gás,

um rio não silencia,
não se cala jamais

A predição:
uma ferida aberta

dito de outro modo,
um corte exangue —
arúspice de si,

o silêncio como a palavra
nas mãos recobertas de sangue;

o fígado como um espelho —

«observar-se nas entranhas»

¿e o que se fizera de si?

inscrito no pretérito
desta estranha procissão

O olhar
longilíneo;

página adiante —

tanto ou tão pouco
se percorre nesse instante

afirma-se:
«inexiste o que não seja enquanto»,

na escrita,
a feitura não trespassa o tato —

crua, crível e fidedigna

há de se afirmar,
de fato: o que perdura

por onde quer que esteja
finda no inexato

As palavras
insustentavelmente rubras
deitam-se no horizonte

sussurram, as palavras

ao cabo do dia
à tarde opaca da carne

um silêncio
desnecessário
no fundo alvo das palavras —

um sopro translúcido

a desdizer
a insuspeitável beleza da fala

e partir pelo espaço

como se dissolvido no vento

um silêncio cor de púrpura

a se perder

Rareiam os pactos;
o lugar do encontro —

as faces escassas,
as escritas estritas:

toca-se o tempo
com a imagem finda

de uma consciência
que míngua

A marca da mordida —

para a mulher, no fervor, não basta a fúria;
passional, a marca desmedida —

no corpo-a-corpo,
da potência ao ato —

no *frenesi* se avizinha a fera,
feroz, ela dança comigo:

um embate —
uma valsa sem combate

O sopro indócil,

o céu de sombras
sobre o inóspito da carne,

sobre aquilo que dedilho
lenta e vertiginosamente;

que dedilho e desdigo
na tua ausência —

um sopro irrefreável
a irradiar no céu,

a irromper na raiz da fala
e cingir o que há de tato no dizer,

a inscrever sua quietude
profunda, intensa,
insidiosamente —

um salmo que alvoroça,
verga sua derme

subscreve sobre seu colo

e sussurra

temerosamente
sobre a carne —

o signo circunscrito:

o viço do meu dizer

Tanto há
por dentro de si

que irrompe, trasborda e inunda a derme —

sempre há um meio,
a parte inteira, a vazante;
o dorso, a dorida costa,

um caminho por entre os dedos
sobre a palma plena das mãos —

um rio de encontro ao meio
ou as lágrimas do rio
a transpor chão —

a lâmina d'água
a transvazar a pele, os lábios,
o céu de verde-água —

há sempre um meio
por detrás das pedras,
dos poros, das barricadas —

um sulco lírico
lavrado
no encontro primeiro
com a água

A vida,

(símile de nós,

transita próxima
à margem do lugarejo —

lugar-algures no tempo,
em campo-nenhures

sólita,
sol de si)

que se consome

em sua bruta
combustão

Aos percalços de ti —,
andanças de *ojos verdes* por escumas d'água,
por espumas ao norte do querer

serra,
cerro de tuas costas pétreas,
de minhas encostas de palavras
sobre teu silêncio...

o teor dessa garapa fulminosa
destilando cortes —
lascas de canáceas na memória...

água salina,
sanha de meus versos verdes
sob a tromba d'água...

marina inalcançável,
o verdasco de tua presença ao centro do pensamento,
pois me é tudo verde neste ser alienado

uma marca profunda e verde
inscrita na pele;
na pedra-limo da carne...

as palavras aos ouvidos,
verdes —

um instante e o espelho,
inesquecidos;

aos percalços de teus pés
o verde caminhar dos passos...

Teu silêncio pungente
a desenraizar à superfície alba —

um movimento inverso
contra o emaranhado de nós

a contratura do tempo
frente ao longínquo;

o velame de tua voz
ardil, doce; diminuta —

"nossa hibridez arbórea"

os escassilhos de ti
a recobrirem-me a relva da face
sem qualquer olor;

o cruzamento lírico na linguagem

teu cerne
embrutecido,

a morfologia-fêmea
em sua brutal intensidade —

um intento irremediável
a desflorar a derme:

uma senda

farta em aniquilações

Outrora versou sobre a paixão grega,
outrossim indago: ¿e o amor?

esse monumento a nascer do coração —

¿rompera tal poente?

indago-te, então:
¿tornara à mão a taça —
da vulva, tornara o vinho?

pois inexiste aquilo que não seja carne
e fulgor algures —

houvera amor? essa antinomia grega:
amar-amaro — esse adorno do impossível?
doar-se ao sol, sublime salto;
de céus em céus: a simbiose de nós —

daimon, jinni, ângelus...

indago-te, por fim: amor, houvera?

¿faltara ao destino?

A noite por inteira,
perfazê-la com os olhos

como se possível fosse percorrê-la
e na manhã fazer morada —

uma angústia branda
a abrir a página
branca sob a escrita —

um sobrespaço no tempo:

o silêncio que se abre na memória
e desfere a pedra do medo,

esta linguagem pétrea,

que abarca no vento
a finitude da palavra

Acostumei-me ao silêncio

a vista aclimatada à falta da luz,
os tacos soltos,
os pés suados a descolar do chão
os encaixes de madeira —

o ofício mesmo inacabável,
a inabalável abstração
nas palavras; com as horas,
com o tempo

e a cortar o silêncio
pequenas patas descortinam o leito —
brancas, albas, de extrema alvura,

e a Ursa Menor em sonolência
se enrosca à mão estática do texto
e seguimos juntos,
notívagos,
próximos ao branco do poema
a observar em silêncio:

o poeta e a loba sem enredo

a leandro, sindy e priscila

Àqueles
que se curvam
ao transpor da vida:

o rastro da amizade persiste
à sombra do tempo e da loucura —

um campo silente,
inane,

onde se pousa
a gratidão

Passa-se das doze,
a luz entre as frestas; a brisa quente —
levanto-me:
no pequeno frigobar,
o suco vermelho —
tomate —
a cor negra me recobre o verde dos olhos;
a visão turva; pimenta,
limão espremido, pedras de gelo —
a cabeça trépida, confusa —
o molho inglês, pitadas de sal,
gotas de tabasco;
um corte bruto com a faca na madeira:
o caule do salsão —
perpassa-se uma dúvida:
jogar a vodca e cair pra rua,
ou mais do mesmo
e cair pro jornal

A escuta singular de tais objetos:

a água sob o metal,
o móvel no chão de pedras,
um celular descarregado —

a erupção dos cristais de dipirona
sobre o criado-mudo

uma inabitual desmemória
que teima em acometer os dias,
a escrita, a viagem —

vozes, lapsos, pensamentos...

e pleno de tantos silêncios
ouço-me saltar o coração

Tudo é falho e inútil —

partida e chegada,
o esgar a esculpir à tinta

a violência da espátula,
o tubo no solo estéril,
o não-aqui da paisagem

o gesto vermelho, o gris, o tédio —
a angústia: marrom-azul-grená

o ofício de transfigurar
com uma verdade pungente —

o tom terroso abnegado,
o absurdo, a massa pictórica,

a deformação, a anomalia,
a brasa do carvão —

azul-ocre-grená:
o ciclismo circular

Espreito

a minucia de cada noite,
a margem alva do papel

o transpassar do suor
no rosto pálido

à destemia;

a súbita perda do ar,
a agonia —

a ausência desse duplo
ou o dilema de um silêncio dúbio
que calo sem saber por quê

A transpor a linha do poema

límpida, blanca; curvilínea

em sua aspereza rude:
sorrateira —

ama-se, assim:

entrelaçando-se às tramas
as ramas da mesma teia —

évoque dans l'esprit:

a queda seca no poema,
o fruto rubro: absoluta fêmea

na ponta do lápis, o dilema —

vermelho que ruma e cessa,
ou verdeja, apenas

no pontiagudo da fala
à ponta do poema

Autorretrato

«a tangência de duas formas»,
o hedonismo maldito —

in suspenso,
a essência mesma;
implacável —

o movimento tangencia cada forma,
a face contra o tempo:

N

«a mão que fez os desenhos»

singular, o próprio corpo

outrossim,
a incomunicabilidade do olhar —

outromesmo,
em sua morfologia ausente;

o trauma de carregar a si:
órgãos-sem-corpos,
por suas próprias mãos —

o ente dos entes:
um essencialismo pictorial

Ouvi-la arrebatada —

o sopro clarividente de sua quietude,
um emblema a inspirar a vertigem irrefreável,

o ritmo desencontrado a perturbar a visagem,
a paisagem tresloucada;

assim encontro a cidade,
no seu rigor mais absoluto:

as gotas de oxigênio, a viridência
a penetrar a frieza da face;

a fenda mineral recoberta pelo musgo,
a ruptura do poema fotossensível
a irromper sobre a palavra —

o tempo crispando a tarde;

a fratura mesma desta fala
a fibrilar o céu de gris —

assim trespassa a loucura sob a carne:
furiosa e impiedosamente cheia da beleza

carrega-se assim o minério entre os dentes:

defronte um jardim de granito
assombrosamente extasiado

Escrevo
à tinta...

dorme,

rabisco-te
nos descaminhos
da pele

a inventar
certos desvios;

incógnita

a palavra escorre —

paro
e observo;

movo meus dedos
entre o sol e a fresta

ensombrando a luz

que teima,
mas não desseca

O utensílio mesmo a cozer
essa linguagem, sem quase técnica —

o curso d'água a preencher
os tubérculos no fervor —

a língua emudecida
a amadeirar no rubor da taça,

o chiar dos dentes de alho;
a cebola na fervura —

o enchido de porco;
o sal, a pimenta-preta
sob o azeite

a cozedura na panela toda,
e a couve galega por cima

um caldo verde
para se sorver inflexível
como a própria linguagem

O vazio a crescer garganta adentro,
o rito a estalar as lembranças,
a dobrar o ócio da tarde;
a inocência abrupta —

desce a caneta e renuncio ao poema,
desce o sentido do bambuzal sobre a água
e renuncio, repetidamente, ao reflexo dos céus

chafurda esse corpo na água,
esse corpo que não afunda...

essa imagem que se repete
na palma das mãos do poema —

e cresce o esquecimento dessa casa,
o riso das cadeiras à volta da tarde,
as pernas frágeis a cortar o temporal

grito e nada de sons!
grito e ascende o silêncio!

grito e já não sei dizer de fato
o que se passa nessa casa,
nem com que confusão de tempo
se perdera em vendaval

¿quando estará completo o ofício?

Cursa o rio

rumora sobre a pedra,
rastreia em mesmo rumo:

desemboca,
em rubra cor —

cora, tinge e se esvaece;

serpentina à sombra própria
no espelho d'água —

¡mira! no pé arbóreo
um caule em ranhura,
à raiz da serra

trespassado por sulcos e fissuras,
pelo rechinar da mata —

arvora
copa acima
um carancho:

a pluma alvinegra,
o penacho em rubro;
respingado —

a rapina agarra a presa:
um pequeno símio
no curvo das garras —

a ave embate, rebica
e sequer um guinchar

na quebra do cachaço

Os últimos trinta minutos para fundar a obra —
o hemisfério esquerdo do corpo,
as pontas dos dedos trêmulas,
os olhos inquietos —

o súbito movimento de pálpebras
a acompanhar o ritmo;
o medo derramado —

atenta a morte
e já não se desfaz o poema,
já não embebe à beira dos lábios;

intui o tema da escrita,
faúlhas líricas, imprecisas
a recontar um tempo inenarrável

o origem desse tempo,
os minutos precisos
indissociáveis

Afastar-se:

olhos subtis à margem do estio —

instaura-se o silêncio e estremece,

um passo à frente no tempo

e o vento reina —

o caminho à face do desterro;

a vagar sobre o mesmo passo,

sobre um mesmo peso...

Não espere encontrar expresso
senão por falhas, contra o vento do recomeço —

deste modo a memória fala — por fragmentos;
passos imprecisos, rastros dispersos
a romper contra o tempo —

passadas em falso pelo asfalto,
musgos às margens, nódoas,
óleo em corrimento —

o cheiro do verniz, a tarde gélida,
e, entre ruídos, o silêncio

uma portinhola semiaberta,
encurva o caminho,
o encurtamento das raízes na viela —

uma gambá e suas crias pelo chão,
embebidas no verniz —
o miasma, os passos cor de gris

aperta o vento — uma quadra a mais,
e a imprecisa noção de tempo

a linha do horizonte — sempiplana —
uma lata tombada na memória,
e os marsupiais, quase eternos, por inteiros

Aos pés,
incorre a permanência...

um seixo só,
sequioso no pastio —

o par de passos
ante um único ipê

o impacto,
a imanência do vento;

fulva-flama,
a floração do céu —

súbito,
a sobressair ao tempo,

em voo último:

a ave

a gruir ao sol

Sigo
hircoso naquilo que venero —

um facínora vulgar,
abjeto de andança coxa,

fétido; lancinante —

vergo à carne pútrida
como verte o sol
ao poente —

aqui já não me alcança
a alcateia

soa ao sol
apenas o vento:
a veste da savana —

esgota o rio,
e o riso coagula

regougo-me só —

nem carniça
ou verme nos dejetos;

o destroçar da carne,
ossos, a putrefação solene...

deixaste-me o tempo,
e aqui eu me despeço —

antevejo a face senil,
um felino;

entreolhamo-nos —

esta noite seca
há de ser de sangue;

digno destino, confesso
pra uma hiena velha
que urge a si, penitente:

os outros são os carniceiros...

venha, fulvo felino,
abatamo-nos

— sol e sombra —

vertamos o último fio,
o riso ríspido ante o sol

rotos na ruína, venha!

vamos embeber esta savana

Travessia; aparas
sob a copa das palavras —

coplas dúbias
na vereda, de viés:

a busca,
emboscar o rastro,
a trilha não riscada —

a rusga de transpor na língua
a fala agreste; acossada

o diário de sóis
à sombra sibilina

o diáfano do rio,
que verbera à revelia

a outra margem

Alinhando as palavras...

nos cadernos já não restam páginas vazias;
rabiscos e frases regressas de outros tempos

a magreza de tantas folhas perdidas
como tanto do mesmo pensamento —

o mutismo insistente desse tema
e permanece o esquecido —

o murmurar do não-dito
(nem próximo ou distante)

sem enunciado,
sem verso,
sem autor

à raiz do tema — dizia-se incessante:
«o mais belo dos poemas»

e perdurava a mesma frase,
como uma espécie de mantra,
sobre tais versos perdidos

Longilíneo
à distância inexata —

sem nada dizer
ou conseguir mostrar:

«poussière d'espace» —

a extensão do homem
ou a transcrição do vazio?

a figura mesma de si
que nos distancia
nessa vida —

a repetição serial,
o corpo contra o tempo

as linhas do corpo,
(corpos-linhas)
na tentativa do poema —

estático,
no sempre-presente,
sem conseguir cantar

A escrita escorre dolorosa —
escoa dentre a derme
e adensa, e pulsa, e fere;

ascende pungente, libidinosa —

um sopro,
a senda sigilosa

a transfiguração da palavra
à clareação de lis no céu;

o poema surde delicado,
floresce à frente da fala

e cala-se
no silêncio
do próprio eu

O degelo

a lentidão dúbia
a deflorar a lisura da derme
e rachar os dedos n'água

a quebra de cristais
e o estrondo ante o gemelhicar
de um escoamento liso,
de lírico arremedo —

o escamotear subtil
de toda uma parede de pedras
a desfazer essa maquinal memória —

o frio, o fluxo e a floração
a atravessar a superfície cênica da fala

a desmemória dos passos,
sóbria e terrivelmente cética;

o degelo entre os fios e as frestas,
face ao meu silêncio

o símil som dos passos
como se amainasse
uma geada entrópica,

entrevista nessa imagem
como a de um espelho —

o toque tríplice
sob a pele:

o êxtase pelo frio

Um inferno laico na inundação dos olhos,

un ciel vert; luciferino —
viridantes ramos de vinho;

galhos engendrando máquinas

vultos e palavras tórpidas,
sanha em mar de sargaço,
de áridas cerdas de animais marinhos,

senão um salmo na paisagem vaga
que sobrepõe seu nome,

senão um salmo dissímil —

um céu de furioso espinho
entrecruzando míssil o que investe ardil,
o que inscreve água ou lance d'água

súbita nascente inverossímil
de orquestração lírica;
indissociável —

miticamente rouge,
sulcos de carmim exangue

um inferno árido,
extasiado de luz

O toque ulterior
a mergulhar cabeça abaixo

e se apossar do frio —

não que se apreenda
ou se permute no calor,

mas algo de materno cai
junto às águas,

algo perpassa o corpo,
o couro,
a carne...

e eu que nunca deitei a face no sentido,
que nunca construí consensos

levanto as mãos e mergulho o corpo
como se adentrasse novamente

como se revolvesse à noite dividida;
o esplendor originário

Até o rio —
até o que há de fluídico no rio
remete tua voz

murmura a sutileza da tua forma aquosa
percorrendo o pontiagudo das pedras
entre limo e líquenes

— sublevação sussurrante —,

o rio furtivo
que irrompe tua ausência longínqua
por entre vias enviesadas de araucárias
e veredas de bambus;

na transição de tua constante presença
que me trespassa pelos ossos

e carrega em si
meu abandono de flores
e o destemido fulgor dos céus —

rio constante
sob galhos e folhas várias
e cascas recobertas de fungos de alva cor
ou rubra textura desenhada

a umidade obscurecida pelo castanho
opaco ou verdoenga massa;

o trasladar da superfície recoberta
pelo indizível mínimo —

rio, rede labiríntica
de ramas e raízes vegetais;

lonjura que desavia
a proximidade de auscultar a derme,

a substância última —

rastro de rizomas rastejantes —,
a unidade úmida de ti

o esplendor do chão
recortado por lâminas exiladas do sol;

a hidrografia selvagem do seu traçado
a desenhar contra ti um leito silencioso

uma cama em transmutação
que recobre tudo

o que há de translúcido em ti.

Antever
o ato da travessia;

sol a pino —
a angústia desce,
augusta; destemida

não há remorsos,
feitos ou desfeitos;
apenas um impulso de fuga —

a vela finda,
o rastro final da luz
a se perder contra o ar —

«o terror de se saber exangue»

se há agora, não se tarda a perguntar:
finda ao final do verso — para fora

A escrita como remediação do impossível

o improvável debruçar sobre as palavras,
uma espécie de elucubração —
um retorno intoxicado, dissociado de qualquer ato

o branco da página sob o preto da escrita,
o abrir das palavras como as asas sobre o abismo —

entendo,
a escrita resiste à loucura;
aos tempos de febre e frenesi,

uma cerração que encobre
da ponta dos dedos à margem da visão —

há tempos a escrita não enerva quaisquer significados
—

não se desvela com parcimônia,
o profundo não admite articulações...

e recai a toxidade — rasga-se o fio dessa linguagem,
o ser-aqui: no entretempo: agora —

a loucura cruza o árido das mãos,
a embeber a escrita no furor

afora é tudo técnica,
réplica; desgaste

A dose diuturna

um arômata alvo

oculto

à luz do sol
à sombra do amanhã

exangue —

a aridez do corpo;

lúcido,
vertiginoso —

a febre lírica,

a vertigem
cor de luz

Antes que nasça o sol
e queime o dorso das mãos,

antes que se apague o tremor da escrita
como um rastro — o pó sobre o chão...

deixe rumorar o tempo,

o virar da página no desterro
antes que nasça o sol —

a palavra inquieta,
esses cento e tantos braços:

o silenciar das mãos...

e antes que o sol ensombre
à margem própria

deixe a ponta da brasa
carvoejar à pedra sobre o chão

E disseste-me:
já não há a possibilidade

é vero, dizer de igual modo ou grau,
de um a outro tópico —

sem que no tropo se interpole e afronte:

«o mesmo é pensar e ser
— ao mesmo tempo»

e já não garanto na escrita
o escrito que há de ser

e já não ressoa,
e insisto, como agora,
às vezes, perdido
nos traveses

e apenas falo
sem saber por quê

Houve um tempo em que dizer romperia sob a luz,

fez-se necessário o afastamento;
o silêncio cifrado —

e não há o que se entender,
como não se explica o furor das águas
ou como a calma pode acorrentar um corpo no terror —

¿mas com que forma trabalhar a loucura,
expressar as veias do pensamento?

a escrita contra a loucura,
a escrita contra a morte era o que singrava —,

e havia a imagem por detrás de cada verso
e essa imagem ardia como arde agora o silêncio:

a escrita contra o tempo,
transcrita pelo que finda dessas mãos

Desaprendi a matéria do sono —
o tempo deitou sobre o aceno das mãos

a escrita já não me faz sentido;
uma ausência de tintas sobre a branca repetição —

o peito rebenta num idioma sujo;
inexprimível —

a linguagem inexiste à sombra de si:
um silogismo de silêncios

É o trivial que nos soçobra o dia,
esta bruta vida burocrática —

nego clemência,
e nego viver do que não seja

esta indulgência,
esta chaga que ora oxigena,
ora arde, ora asfixia...

esta morte amena,
que teima em não morrer.

artemisia absinthium

Via vária,

a virulência da rua —

olhares tortos;
entrecruzados na torpeza:

do gris ao anis —

o traçado,

luz que enleva os letreiros —

verde neon,
o intenso das luminárias

os passos
transtornados;

tortos, na torpeza —

à intenção do deleite
ao delito, de fato:

a cama —

o hiato!

variaciones en blanco

I

A linha tênue,
o paralelismo serial

a translucidez,
frenesi *continuum*;
exacerbado —

decerto, um deserto
salino; venoso

um fármaco
de arbor cristalino

um salar, solar
a saltear ao peito

a transtornar
ao centro da íris

a pulsante instância:

a febre disrítmica

cerebral

II

Estava ali, acerca do que se dizia —
invariavelmente focado,
ora nas vozes, ora no vazio que descia
intrincado, nos jogos de cena,
de gestos, de palavras;

no encadeamento das falas
sobre um causo, o acaso repetidas vezes
e, já às tantas, a introspecção
no espaço

as horas, a disposição para tantas horas,
de palavras torrenciais, tórridas, imensamente belas...
os gramas de horas, das miraculosas horas paralelas;
as linhas brancas como as linhas dos poemas —

e entre o devaneio do papo e repetidas investidas
era como se estivesse a roda do tempo em desmedida

e o que era para se nascer no dia,
perdia-se no cair da noite...

e ainda, novamente,
no recomeço interminável doutro dia...

III

Alvoreja;
albas, alvíssaras —

gritos,
os caixotes;
peixes e leguminosas

pitayas, tâmaras, granadillas,

— que desçam as cadeiras!

os álcoois à torneira —
na secura
enseca mais um dia

o mercado excede
(a ensurdecedora travessia)

desce à tarde
(a branca alforria)

sobem as cadeiras —

eu não sou daqui

e persiste, eufórico,
a declinar a fala:

a deitar-se mais um risco
sob sol

x

Não há
mais abrasado
que se revele —

aquele abraço
que adere
em própria pele

a revestir a si
em nova derme

e trasvasar
às entranhas
do pano à pele —

o abraço
ditoso, em
riso insosso,

o êxtase
dentre os dentes

não abala
a fúria desse
encontro

uppers and downers

Se aperta o passo...

o pulso a transcrever o asfalto,
a transgredir a escrita —

álcoois, uppers e fumaça...

incendeia a noite das pupilas negras,
o mundo a rodear a grafia trêmula das avenidas

uma temporada inteira ascendida
a sangue frio; em pane —

a fala furiosa
e a lucidez por dentro —

se aperta o peito na fundura,
afunda na perversão o pensamento;

as vias febris da carne versus a ascese niilista —

a língua insolúvel a exultar o inexplicável

sol de tolueno

Contre les alvéoles,
contre la colle,
a coda

o desencontro alvo,
girovagante;

singrando,
solvendo a fala de amarras

pra dentro,
no intento da borrasca;

estrangeiro errante
de cócoras;

o desmemoriado
espaço dos passos

a muda voz que se transmuta,
a caligem árida que se reparte;

inalar-se o inverso da carne,
vergar às vias do impreciso,

adentrar o estreito leito do desvio

a alvura

célere,

a miragem —

céu-celeuma,
a disfagia da viagem

dê-me-te

I

água abaixo,
o empuxo

esfumaça
a bruma de numes;

alvigoteja —

sol-pôr espiralado,
silvo repente:

baldo abaixo,
ascende em palacete —

serpenteia,
aflora em filamentos;

dorso lupino,
pés e patas galináceos;
policromia,
lúpulo saturado —

a cônscia-incipiência, o relapso:

cinábrio,
cinéreo,
citrino;

o visco fulminante —

além da luz: a linha

devenindo...

II

E adensa a fumaça!

repentino, o outro lado
a expurgar-nos o destino —

o suprimir da voz
no vir-a-ser-que-reverbera

«surgem imagens,
séries de imagens; imagens»

e a afirmação precisa:

dentro do balde
um pé direito sem divisas —

aí começa e finda

e abraçamos o espaço,
abraçamos a forma e o fundo

abraçamos sem braços
a profundez do mundo

um abraço estático
no nada contra tudo

bangue-paradiso

A borra do café,
o marfim à margem da boca —
o miasma da paisagem

o ruído,
a haxixina;
a matéria pensante —

y la hormiga descende por la escalera,
por sobre a sebe verde

desce lentamente;
lavra a terra — desloca-se
à beira da euforia

o trilo da cigarra,
seu hilário estrilar de asas —

e verga ao fundo o azul,
ao extremo da cabeça,

e segue, a incendiar a órbita do céu,
por todos os lados, plena de leveza

misérable miracle

I

Aos pés de Wayna Pijchu,
vejo-os chegar:
formiguejando
monte acima,
em linhas

vejo-os
adentrar:
alastrarem-se
pelas ruelas de barro
e pavimentos de granito

por cada canal d'água,
em cada lugarejo —

filetes em trânsito,
fuliginosos;
suas línguas multiformes —

à volta:
à serrania circundante,
as montanhas:
índias de arbórea
mantilha;
seus rostos recobertos
com o viço da mata —

o sol,
a luminância:
um altar pétreo;
o aurífluo da luz a transbordar
qual uma esteira d'água

no entorno,
à cercania

II

Ver-te inteira,
em verde viço revertida —
revestida, um fino véu de teias
e tantos outros fios:

crinas gris
que ao facho dos dedos descortina

uma escultura, fugaz
felina que à relva de luzes se alia —

uma pedra alva; alvicejante —
símile de serpentes pétreas
e cãs de marmórea filia —

um corpo pueril; belo,
de voluptuoso artesanato —

o rosto em espanto;
divo-talhado na beleza —

a expressão do gozo
de quem observa o estático de si,
uma estátua: em deidade transformada

elévation

Com a ponta dos dedos inalo o fluxo do mundo;
a vertigem, uma voltagem vacilante —

não temo!

e rebenta boca adentro o sopro indiviso;
o peito à beira da boca
a sobrepujar o tempo,

as palavras desse território —

o golpe bruto,
desfeito ao centro do coração:

silente, sublime; intenso!

escrevo no extremo da lógica;
regozijo,
só,
entre o sufocar e o delírio

"De um lado, há que suportar as longas distâncias desse caminho, porque cada momento é necessário. De outro lado, há que demorar-se em cada momento, pois cada um deles é uma figura individual completa"[4]

Notas

1. Martin Heidegger
2. Jacques Derrida
3. Ludwig Wittgenstein
4. Friedrich Hegel

Índice de poemas

13 Aqui, onde não pertenço,
14 Corre
15 Não encontrarás
16 Avança o deserto...
17 Tantas
18 A mesma tentativa,
19 El centro viejo de tu pensamiento
20 Se por vez ou outra me fizer ouvir
21 O lugar inolvidável
22 Atravessamos ao outro
23 Dobrar a noite limítrofe
24 Não é o silêncio quem passa,
25 O poema desvalida
26 Recolho com cuidado,
27 O cobre que me encobre
28 Entre o transpassar da vida
29 Escrever em versos?
30 Aberta,
31 Sopra a face norte do querer —
32 A dizer como quem ausculta o céu,
33 Dormes ao lado —
34 A língua
35 Em toda travessia
36 Há uma raiz amarga
37 O corpo obsessivo;
38 A lua ensombra
39 O que há para se calar
40 Assassínio,
41 A crença
42 É de uma espécie rara,
44 Pelo lado esquerdo habito a cidade,
45 E agora,

46 Um gesto
47 Mansidão,
48 Um só instante e a ave estática não arremete:
49 Nasce um rio —
50 Há uma indissociável lucidez,
51 Estranho labirinto:
52 A força bruta assola,
53 A predição:
54 O olhar
55 As palavras
56 Rareiam os pactos;
57 A marca da mordida —
58 O sopro indócil,
60 Tanto há
61 A vida,
62 Aos percalços de ti —,
63 Teu silêncio pungente
64 Outrora versou sobre a paixão grega,
65 A noite por inteira,
66 Acostumei-me ao silêncio
67 Àqueles
68 Passa-se das doze,
69 A escuta singular de tais objetos:
70 Tudo é falho e inútil —
71 Espreito
72 A transpor a linha do poema
73 Autorretrato
74 Ouvi-la arrebatada —
75 Escrevo
76 O utensílio mesmo a cozer
77 O vazio a crescer garganta adentro,
78 Cursa o rio

80 Os últimos trinta minutos para fundar a obra —
81 Afastar-se:
82 Não espere encontrar expresso
83 Aos pés,
84 Sigo
86 Travessia; aparas
87 Alinhando as palavras...
88 Longilíneo
89 A escrita escorre dolorosa - ·
90 O degelo
92 Um inferno laico na inundação dos olhos,
93 O toque ulterior
94 Até o rio —
96 Antever
97 A escrita como remediação do impossível
98 A dose diuturna
99 Antes que nasça o sol
100 E disseste-me:
101 Houve um tempo em que dizer romperia sob a luz,
102 Desaprendi a matéria do sono —
103 É o trivial que nos soçobra o dia,
104 artemisia absinthium
105 variaciones en blanco
108 x
109 uppers and downers
110 sol de tolueno
112 dê-me-te
115 bangue-paradiso
116 misérable miracle
119 elévation

© 2017, Bruno Prado Lopes
Todos os direitos desta edição reservados a
Laranja Original Editora e Produtora Ltda.

www.laranjaoriginal.com.br

Edição **Clara Baccarin e Filipe Moreau**
Projeto gráfico **Arquivo · Hannah Uesugi e Pedro Botton**
Produção executiva **Gabriel Mayor**
Foto do autor **Deco Cury**

Texto revisado segundo o Novo Acordo Ortográfico
da Língua Portuguesa

Dados Internacionais de Catalogação na Publicação (CIP)
(Câmara Brasileira do Livro, SP, Brasil)

Lopes, Bruno Prado
    Não é o silêncio quem passa / Bruno Prado Lopes.
    — 1. ed. — São Paulo: Laranja Original, 2017. —
    (Coleção poetas essenciais; 5)

    ISBN 978-85-92875-14-5

    1. Poesia brasileira I. Título II. Série

17-06559   CDD-869.1

    Índices para catálogo sistemático:
    1. Poesia: Literatura brasileira 869.1

Fontes **Gilroy e Greta**
Papel **Pólen Bold 90 g/m²**
Impressão **Forma Certa**
Tiragem **300**